Rhön

Rhön

Fotografie Stephan und
Walter Thierfelder
Text Ralf Nestmeyer

Stürtz Verlag

Inhalt

Links: Die St. Gangolf Kapelle zu Fladungen.
Seite 1: Die Rhöndistel gilt als floristisches Wahrzeichen dieser Landschaft.
Seite 2/3: Vom Schafstein geht der Blick weit über das Land.
Seite 6/7: Die Rhön – »Heimat der Hirten, der Morgenstunden, die aufgehn in den Tritten der Herden, der Abende, die noch im Bergwind streunen…« (W. Werner)

Die Rhön – grenzenlos

**Einst hat die Rhön dem
Militär die meisten Soldaten,
der Kirche die meisten Priester
und dem Staat leichte Mädchen
geschenkt…**

Volksmund

Es gibt neben dem Harz wohl kaum eine Landschaft in Deutschland, auf welche die geflügelten Worte *»Es wächst zusammen, was zusammengehört«* so gut zutreffen wie auf die Rhön. Die Ereignisse infolge des historischen Umbruchs im November 1989 haben diese Landschaft in vielerlei Hinsicht verändert. Vorbei sind die Jahrzehnte, in denen man im Schatten der innerdeutschen Grenze lebte; die Rhön ist wieder ins Zentrum von Deutschland gerückt. Für viele Städte und Dörfer hatte die politische Randlage erhebliche Probleme mit sich gebracht: Jahrhundertealte Handelswege und Verkehrsverbindungen waren infolge der innerdeutschen Teilung unterbrochen worden. Seit der Wiedervereinigung ist man bemüht, möglichst schnell an die einstige Vergangenheit anzuknüpfen. So erinnerte sich Mellrichstadt seiner Tradition als Tor zu Thüringen: Schon im September 1991 rollten wieder die ersten Züge von Schweinfurt über Mellrichstadt ins benachbarte Meiningen.

Der Name Rhön ist vermutlich keltischen Ursprungs. Dies verwundert nicht, befand sich doch im südlichen Thüringen und in Franken vor mehr als 2000 Jahren die größte Siedlungsdichte des geheimnisumwitterten Volkes der Kelten. Die Reste einstiger Flieh- und Volksburgen sowie zahlreiche Bodenfunde zeugen noch von ihrer Anwesenheit. Die Milseburg war dabei das Zentrum der keltischen Besiedlung gewesen. Die Kelten wurden schließlich von den Alemannen, den Hermunduren und den Chatten verdrängt, beziehungsweise gingen in diesen Völkern auf. Im 5. Jahrhundert breiteten sich schließlich die Thüringer verstärkt nach Süden aus. Doch schon bald darauf drangen die Franken auf ihrer Expansion gen Osten in die Rhön vor. Sie fanden ein dünnbesiedeltes Land, das sie alsbald fest in ihren Siedlungsraum eingliedern konnten. Mit den Franken zog auch das Christentum endgültig in die Rhön ein. Kilian, der Schutzheilige Würzburgs, soll auf dem Kreuzberg gepredigt haben, und der heilige Sturmi gründete im Auftrag von Bonifatius das Kloster Fulda.

Politisch gesehen war die Rhön seit dem Mittelalter schon immer mehr oder minder zwischen verschiedenen politischen Mächten aufgeteilt, von denen das Hochstift Fulda bis zum 11. Jahrhundert die Vormacht innehatte. Vom Süden her drangen, durch Schenkungen begünstigt, die Würzburger Bischöfe beständig vor, der westliche Teil der Rhön verblieb größtenteils beim mächtigen Kloster Fulda, und der nordwestliche stand – bis zu deren Aussterben im Jahre 1583 – unter dem Einfluß der Grafen von Henneberg. Diese Dreiteilung, durchsetzt von kleinen und kleinsten Graf- und Ritterschaften, blieb das ganze Mittelalter über bestimmend.

Die Reformation breitete sich, gefördert durch die Reichsritterschaft und den Grafen von Henneberg, in großen Teilen der Rhön aus, doch betrieben die geistlichen Fürsten von Würzburg und Fulda wenige Jahrzehnte später eine nicht gerade unblutig verlaufende Rekatholisierung. Zeitgleich mit der Reformation kam es im Bauernkrieg zu großen Aufständen der Landbevölkerung: Viele Burgen gingen in Flammen auf. Zur Auflösung der alten politischen Ordnung führte letztlich aber erst die Säkularisation zu Beginn des 19. Jahrhunderts. Noch heute spiegeln sich aber die einstigen Besitzverhältnisse in den Grenzen der Bundesländer wider: Die Ländereien der Abtei Fulda gehören weitestgehend zu Hessen, das hennebergische Territorium zu Thüringen, und Bayern hat das Bistum Würzburg beerbt.

Die Rhönbauern waren nicht gerade vom Reichtum verwöhnt, noch 1922 sprach der Reisejournalist H. Riehl vom »Land der armen Leute«; die Landwirtschaft sicherte nur mühsam ein geregeltes Auskommen, da die meisten Höfe über wenig Ackerfläche verfügten und die steinigen Böden an den Hängen der Basaltberge nicht nur schwer zu bearbeiten, sondern auch wenig ertragreich waren. Nebenher ein Handwerk auszuüben und Gewerbe zu treiben, war schier unerläßlich. Bauernhäuser verwandelten sich vielerorts in Werkstätten, in denen Flachs zu Leinen und Holz zu allerlei nützlichem Hausgerät verarbeitet wurden. Manche Ortsnamen künden noch von dem harten und entbehrungsreichen Leben in der Rhön: Kaltennordheim, Dürrhof, Dürrfeld, Wüstensachsen oder Sparbrod. Vor fast 200 Jahren notierte Franz Anton Jäger über die Ernährung der Bevölkerung: »*Die Rhöner leben … sehr mäßig, und unserem Dünken nach dürftig. Ein schwarzes Brod von gemahlenen Kartoffeln, Hafer und Gerste, oder wenigem Korne, abgesottene Kartoffeln, mit Salze geronnene Milch, ein wenig Käs, oder ein wenig Kraut und Fleisch, machen beynahe ihre Nahrung aus.*«

Im 19. Jahrhundert bewirkte die immer mehr um sich greifende Industrialisierung eine langanhaltende wirtschaftliche Krise. Die Arbeiter suchten in den aufstrebenden Wirtschaftszentren nach einem gesicherten Lebensunterhalt, um ihrer Not zu entgehen. Nicht wenige entschlossen sich gar zur Auswanderung ins verheißungsvolle Land der unbegrenzten Möglichkeiten: In Cleveland, im amerikanischen Bundesstaat Ohio, läßt sich noch heute eine Rhöner Kolonie ausmachen.

Von der einstigen deutsch-deutschen Grenze steht nicht mehr viel, doch dies wird ewige Mahnung bleiben.

Die alten Bauerngärten galten über
Jahrzehnte hinweg als ungeliebte
Hinterlassenschaft. In der abgelegenen
Rhön haben sich – und nicht nur in
Freilichtmuseen – etliche erhalten.
Links: In Nordheim wacht dieser
heilige Nepomuk über die alte Brücke.

Manchenorts schon ausgestorben, konnte sich auch das Flechthandwerk in der Rhön erhalten.

*Ob Kuchen oder Brot – zu Hause
Gebackenes schmeckt immer besser
als die Produkte aus der Groß-
bäckerei, und so wurde – nicht nur
im Rahmen musealer Veranstaltungen
– so mancher alte Backofen wieder
»aktiviert«.*

Der Färbung ihrer sandsteinernen
Mauern wegen hat die gewesene
Fuldisch-Fürstäbtliche Schloßkellerei
in Hammelburg den Namen
»Rotes Schloß« erhalten.

Adalbert von Schleifras ließ von Johann Dientzenhofer den 1712 geweihten Dom errichten, der die Umwandlung der alten Abtsburg Fulda in eine Barockresidenz symbolisiert. Heiligenfiguren an einem Fachwerkhaus in Tann.

Einzigartiger Landschaftsraum

Weiträumig und vielgestaltig ist das Bild der Rhön. Durch eine ausgeprägte Vulkantätigkeit der Tertiärzeit entstanden die für diese Mittelgebirgslandschaft typischen Basalt- und Phonolithkuppen. Die Erosion hat im Laufe der Jahrtausende ganze Arbeit geleistet. Das Resultat ist ein vielfältiges Relief mit großen Höhenunterschieden, doch im Gegensatz zu anderen deutschen Mittelgebirgen verfügt die Rhön über kein mächtiges Waldgebirge.

Die abwechslungsreichen, von dem eigenwilligen und rauhen Klima geprägten Hänge beherbergen eine seltene Pflanzen- und eine reiche Tierwelt. Der vorherrschende Baum ist seit mehr als 2500 Jahren die Rotbuche, nicht umsonst wurde die nördliche Rhön zwischen Bad Hersfeld und Bad Salzungen im frühen Mittelalter »Buchonia« genannt. Auf den herbstlichen Grasmatten wachsen der gefranste Enzian, an feuchten Stellen das liebliche Sumpfherzblatt. Gerade die einstigen Sperrgebiete bildeten ein besonders günstiges Terrain für Flora und Fauna.

Der Kreuzberg und die Wasserkuppe sind die bekanntesten Berge. Ersterer gilt als heiliger Berg der Franken, letzterer als Mekka der Segelflieger. Der Kreuzberg ist mit 928 Metern zudem die zweithöchste Erhebung der Rhön. Der Legende zufolge soll der heilige Kilian, ein iroschottischer Mönch und Missionar, der später in Würzburg enthauptet wurde, im Jahre 686 auf einem heidnischen Kultplatz ein Kreuz errichtet haben, das seit dem Mittelalter zu einem vielbesuchten Wallfahrtsziel geworden ist.

Die Wasserkuppe ist mit ihren 950 Metern der höchste Gipfel der Rhön und ganz Hessens. Auf dem kahlen, mächtig aufragenden Bergrücken weht ein rauher Wind, Franken und Thüringen sind in Sichtweite. Noch vor dem Ersten Weltkrieg fanden hier die ersten Gleitflüge statt. Im Jahr 1920 haben die Flugbegeisterten endgültig den Berg erobert. Die Segelflugtradition der Wasserkuppe wurde 1987 symbolisch gewürdigt, als man hier das Deutsche Segelflugmuseum einweihte.

Das Rote und das Schwarze Moor eröffnen einen grandiosen Einblick in den einzigartigen Naturraum der Hohen Rhön. In den streng geschützten Hochmooren balzen im Frühjahr die letzten, nicht alpinen Bestände des Birkhuhns. Wiesenpieper, Uhu, Schwarzstorch und Wildkatze finden hier letzte Lebensräume, Baumfalke und Nachtschwalbe sind seit längerem verschwunden. Keine Landschaft in Mitteleuropa hat in so kurzer Zeit eine so tiefgreifende Zerstörung und Umwandlung durch den Menschen erfahren wie das Moor. Intakte Moore gehören heute zu den am meisten bedrohten Lebensräumen in unseren Landen. Vor allem die Torfindustrie hat ihnen den Todesstoß versetzt, das Rote Moor zeugt stumm von diesem Raubbau. Die Hochfläche des Schwarzen Moores mit ihren schillernden Mooraugen, den lichten Kiefern-, Karpatenbirken- und Weidenbeständen ist hingegen eines der wenigen Moore, die nie durch Torfabbau beeinflußt worden sind.

Ich werde morgen eine kleine Exkursion aufs Rhöngebirge und ins Fuldaerland vornehmen, wovon ich mir manche frohe Stunde verspreche.
Friedrich Hölderlin

Seite 16/17: Auch die Drachenflieger haben längst die Berge der Rhön für ihren Sport erobert.

Als das zentrale Gebiet der Rhön mit einer Fläche von 132 600 Hektar kurz nach der Wiedervereinigung von der UNESCO zum Biosphärenreservat ernannt werden sollte, ergriffen die Landesregierungen von Hessen, Bayern und Thüringen die einmalige Chance, die solch ein prestigeträchtiger Titel bietet und verpflichteten sich, eine eigene Verwaltung aufzubauen und gemeinsame Forschungsprogramme zu finanzieren; die Wiederherstellung einer räumlichen und ökologischen Identität ist das Ziel. Dabei steht nicht alleine die Bewahrung des Naturraums im Biosphärenreservat im Vordergrund, sondern auch die Weiterentwicklung und Förderung des von Menschenhand geschaffenen, kulturellen Erbes. Gerade die Rhön verdankt ihr heutiges Erscheinungsbild vor allem der bäuerlichen Bevölkerung und ihren Lebensformen. Ein Grund mehr, angesichts des scheinbar nicht aufzuhaltenden Bauernsterbens und der zunehmenden Verdrängung traditioneller Rhöner Bauformen durch alpine Haustypen in den letzten Jahrzehnten, neue Hoffnung zu schöpfen.

Im Bereich des Natur- und Tierschutzes konnten bereits die ersten sichtbaren Erfolge verbucht werden: Immer mehr Rhönschafe ziehen durch die blühenden Magerwiesen der Hohen Rhön. Der Bestand der über Jahrzehnte hinweg vom Aussterben bedrohten schwarzköpfigen Schafrasse ist wieder auf mehr als 1400 Tiere angewachsen, und die Nachfrage nach ihrem schmackhaften Fleisch deckt das Angebot bei weitem nicht. Begehrt ist nicht nur die Hammelsalami, denn es hat sich herumgesprochen, daß das Rhönschaf ein Leckerbissen ist.

Das süffige Bier vom Kreuzberg ist nicht nur unter den frommen Pilgern begehrt.

Doch die Ansprüche des Biosphärenreservates drohen durch den geplanten Bau neuer Verkehrswege zur Makulatur zu werden. So soll das fehlende Verbindungsstück der A66 zwischen Schlüchtern und Fulda geschlossen werden und neuen Verkehr heranbringen; die Pläne für den umstrittenen Ausbau der B19 zur A81 von Schweinfurt nach Eisenach liegen ebenfalls vor. Sollte es auch noch zu einer mancherorts gewünschten Ost-West-Verbindung kommen, würden die Rhön und somit auch das Biosphärenreservat von einer großen Verkehrsader regelrecht durchschnitten werden.

Weit geht der Blick über die
Matten der langen Rhön –
bis sich die Berge des Thüringer
Waldes am Horizont aufbauen.

*Ob Sommer oder Winter,
Frühling oder Herbst – die Rhön
zeigt zu jeder Jahreszeit ein
anderes Gesicht.*

Im Roten Moor finden sich allein 50 der heutzutage als bedroht bis gefährdet eingestuften Pflanzen.

Das Fliegerdenkmal auf der
Wasserkuppe ist eines der
meistfotografierten Motive der
Rhön. Heute treffen sich die
Segelflieger vom Dolmar und
von der Wasserkuppe wieder
an einem Himmel.

*Während droben, auf der Wasser-
kuppe, die Segler den Himmel suchen,
schmiegen sich die Häuser von
Wüstensachsen in den Talgrund.*

Der felsig-steile Pferdskopf mit seinem plattigen Phonolithgipfel ist einer der markantesten Land-schaftspunkte der Hohen Röhn.

26

Der Basalt hat vielfältige, phantastische Strukturen – und er dient dem Menschen längst zur Nutznießung. Die Erde zeigt auch in der Rhön ihre Wunden…

Ob Gottes- (Rotes Moor) oder
Menschenwerk (Kapelle),
die Rhönlandschaft scheint beides
zu harmonisieren…

Wahrscheinlich trieben bereits die Viehzüchter der La-Tène-Zeit (ca. 500 v. Chr.) ihre Herden zur Weide in die Hochrhönwälder.

Die Rhönlandschaft ist ein Fest fürs Auge. Alt und fest der Boden, wechseln Himmel und Licht unablässig ihr Antlitz.

Fladunger Idyll – die Zeit scheint den Atem angehalten zu haben, und das alte Fachwerk zählt die hölzernen und steinernen Jahre in einem.

Das Leben der Rhönbauern war hart und entbehrungsreich; Goethe sah sie einst »gebeugt vom Joche der Notdurft«.

Die tiefe Volksfrömmigkeit der Rhönbewohner
ist sprichwörtlich geworden. Dort, wo heute
die berühmte Kreuzigungsgruppe steht, soll der
heilige Kilian das erste Kreuz errichtet und so
dem Berg seinen Namen gegeben haben.

In alten Schriften wird die Rhön »Buchonien« genannt – was auf die damals vorherrschende Baumart hinweist. Und auch heute würde die Buche in den Wäldern der Hohen Rhön dominieren, hätte der Mensch nicht eingegriffen.

Schon im frühen Herbst kündigt sich hier der Winter an. Schickt den Reif voraus, der alles verzaubert und Bote ist für Kälte und Schnee.

Die Heilbäder

Seite 38/39: Der Kursaal von Bad Brückenau erstrahlt im festlichen abendlichen Lichterschein.

Weder Silber, Gold noch Edelsteine hat das Erdreich der Rhön zu bieten. Aus dem Untergrund quellen dafür die weltberühmten Heilbrunnen, die – im bayerischen Teil der Rhön – Neustadt, Bocklet, Kissingen, Königshofen und Brückenau, das thüringische Salzungen und die hessischen Orte Hersfeld und Salzschlirf zu Bädern gemacht haben.

Bad Kissingen ist nicht nur der bedeutendste Kurort der Rhön, sondern einer der berühmtesten von ganz Europa. Und dies sicherlich nicht zu Unrecht. Bad Kissingen hat Stil und Atmosphäre. Hier kurten schon Zar Alexander II., das österreichische Kaiserpaar Franz Josef und Sissy, Reichskanzler Fürst Bismarck, Tolstoi, Rossini, die Bundespräsidenten Heuss und Lübke sowie Neil Armstrong, der erste Mann auf dem Mond.

Als »Chizzicha« wurde die kleine Siedlung am südöstlichen Rand der Rhön im Jahre 801 erstmals erwähnt. Der Salzhandel sorgte für Wohlstand. Die alten Salinen waren schon in der karolingischen Zeit bekannt und genutzt worden, doch dann fast in Vergessenheit geraten. Erst im 16. Jahrhundert erfreute man sich wieder bewußt an der Heilkraft der Quellen. Zwei Jahrhunderte später beauftragte der Würzburger Fürstbischof Carl Friedrich von Schönborn den berühmten Baumeister des Barockzeitalters, Balthasar Neumann, die Kuranlagen und die Einrichtungen zur Salzgewinnung auszubauen.

In den Jahren als Bismarck in Kissingen weilte, wurde der ganze Ort zu einem »modernen« Kurbad umgestaltet, Brunnentempel und Badehäuser wurden errichtet; im Jahre 1883 erhob Ludwig II. Kissingen zum »Bad«. Zu Beginn des 20. Jahrhunderts erfolgte dann unter Prinzregent Luitpold ein erneuter, großzügiger Ausbau der Kuranlagen. Bis zum heutigen Tag hat sich das Flair eines mondänen Kurortes erhalten.

Bad Königshofen ist das jüngste Heilbad der Region; erst vor gut zwei Jahrzehnten wurde der alte karolingische Königshof zum »Bad« erhoben. Auf das Heilwasser stießen die Königshofener nur zufällig und zwar, als man im Jahre 1896 nach Trinkwasser suchte.

Bad Bocklet, das kleine Staatsbad mit seiner liebenswerten Biedermeier-Atmosphäre, kann sich zwar nicht mit den berühmten Kurbädern Europas messen, doch wer es beschaulich liebt, ist hier sicherlich nicht fehl am Platz. Im Jahre 1724 wurde die Bockleter Heilquelle neu entdeckt und von Balthasar Neumann gefaßt. Im Auftrag der Würzburger Fürstbischöfe entstanden im Laufe des 18. Jahrhunderts die Kuranlagen.

All diejenigen, die sich von Umweltzerstörungen, Ozonlöchern, wirtschaftlichen oder anderen existentiellen Sorgen geplagt fühlen, können aufatmen, denn es gibt ja Bad Brückenau: Hier ist – laut dem offiziellen Prospekt des Staatsbades – »*die Welt noch im Lot … vieles ist noch immer so, wie es anderswo einmal war*«. Ironie beiseite: Das Staatsbad Bad Brückenau liegt wirklich schön im Tal der Sinn; fünf Heilquellen haben das Mineral- und Moorheilbad weit über die Grenzen der Rhön hinaus bekannt gemacht. Im Jahre 1747 hatte der Fuldaer Fürstabt Amandus von Buseck hier eines der ältesten Heilbäder Deutschlands gegründet, das dasjenige von Kissingen damals noch überflügelte.

Die eigentliche Blütezeit begann erst 1816, nachdem Brückenau ans Königreich Bayern gefallen war und König Ludwig I. seine Liebe zu dem Städtchen entdeckte. Zwischen 1818 und 1862 weilte er insgesamt sechsundzwanzig Mal hier. In manchem Sommer wurde Bayern gar vom Brückenauer Fürstenhof aus regiert. Ludwig I. wußte sich seine Zeit zu vertreiben: Auch die legendäre Lola Montez, die Geliebte des Königs, besuchte hier ihren »Louis« und verteilte nebenher freizügig Peitschenhiebe und Ohrfeigen unter der Bevölkerung. Abgesehen von dieser Affäre bewirkten Ludwigs häufige Aufenthalte eine rege Bautätigkeit in dem »Königsbad«, die den Ort bis heute prägt.

Mit Bad Neustadt verfügt Bayern über insgesamt fünf Heilbäder in der Rhön. Die lebhafte Kreisstadt ist das administrative und wirtschaftliche Zentrum des Landkreises Rhön-Grabfeld. Neustadt selbst ist aus einer frühmittelalterlichen Kaiserpfalz hervorgegangen, deren genaue Lage nicht bekannt ist. Eigentlich sprudeln die in der Mitte des 19. Jahrhunderts erschlossenen fünf Salzquellen gar nicht in Neustadt, sondern im nebenan gelegenen Neuhaus, doch seit der Eingemeindung von Bad Neuhaus trägt die Stadt den Titel »Bad«. Die Wirkung der Quellen beruht auf 22 heilkräftigen Stoffen, darunter Kohlensäure, Brom, Phosphor, Schwefel und Lithium.

Bad Hersfeld, am nordwestlichen Rand der Rhön gelegen, ist nicht nur die Stadt der Heilquellen, sondern auch die Stadt der Stiftsruine, die Stadt der Festspiele und des Lullusfestes, eines der ältesten Volksfeste Deutschlands. Hersfelds Geschichte läßt sich bis ins Mittelalter zurückverfolgen: Im Jahre 769 gründete Bischof Lullus hier ein Benediktinerkloster, dessen gewaltige romanische Stiftsruine noch heute das Stadtbild prägt.

Auch das thüringische Bad Salzungen verdankt seine Existenz der kohlensäurehaltigen Sole. Seit 1837 nennt sich die Stadt Heilbad, allerdings wurde hier schon lange zuvor intensiv Siedesalz gewonnen. Durch Salzauslagerungen entstand der mitten in der Stadt gelegene Burgsee.

Wenn Bad Kissingen sein Rakoczy-Fest feiert, darf auch die berühmte Personnage aus vergangenen Zeiten nicht fehlen.

Die »Kissinger Sommer« verbinden alljährlich Badefreuden mit einem besonders hochkarätigen Angebot an Musik, Theater und Kultur.

Bad Kissingens große Bädertradition wird u. a. in dem prächtigen Arkaden-bau sichtbar. Links: Fürst Rakoczy sonnt sich in seinem Ruhm (nach ihm wurde ein Brunnen benannt).

So ändern sich die Zeiten:
Aus dem ehemaligen Palais des
Fürstabtes Amandus von Buseck in
Bad Brückenau wurde ein Hotel.

Im Gegensatz zu Bad Kis-singen ist Bad Brückenau mit seinen Kuranlagen eher verträumt…

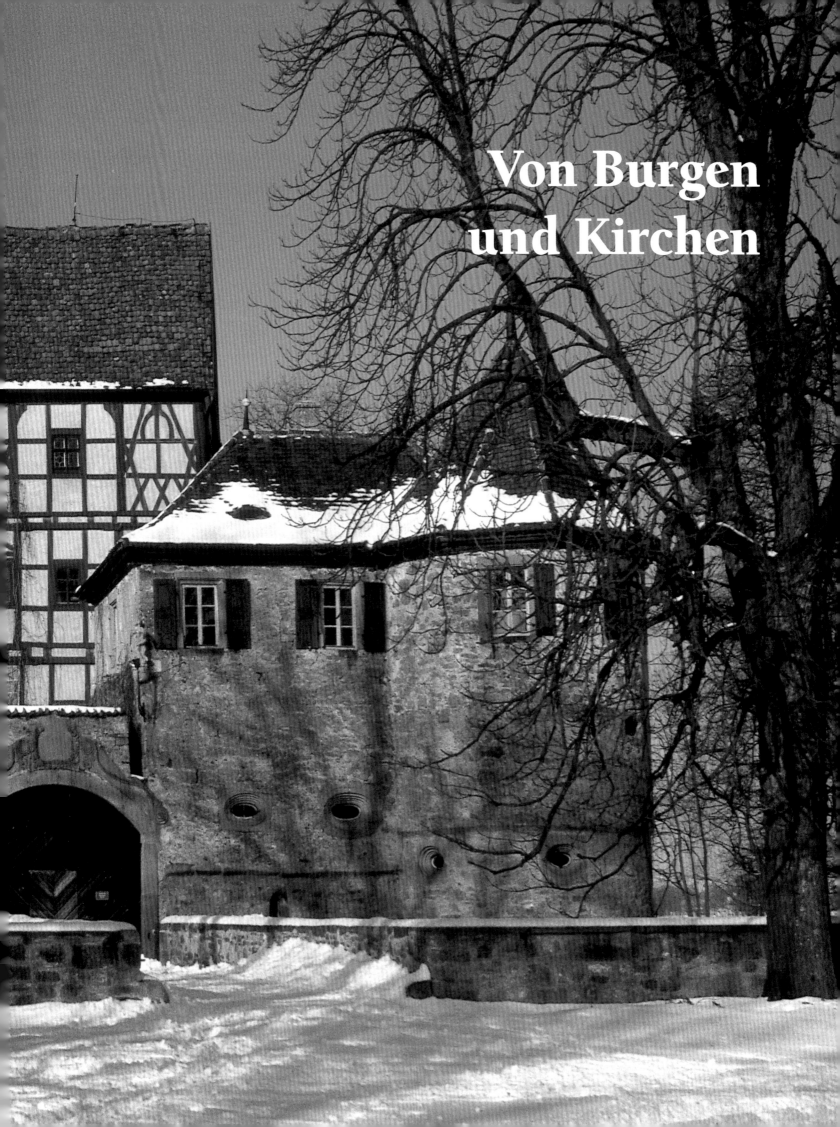

Von Burgen
und Kirchen

Die Rhön ist reich an sagenumwobenen Ritterburgen, Ruinen und herrschaftlichen Schlössern – ein bis in die Gegenwart reichendes Zeugnis für die territorale Zersplitterung dieser bergigen Landschaft.

Die Salzburg bei Bad Neustadt ist eine der ältesten, größten und bedeutendsten Ganerbenburgen Deutschlands. Von der einstigen Ganherrschaft, einem losen Zusammenschluß verschiedener Adelsfamilien, zeugen im Burginneren insgesamt sechs sogenannte Ganerbensitze, Wohntürme, die zumeist mit einem Mauerturm verbunden sind.

Flußabwärts, dem Tal der fränkischen Saale folgend, stößt man unweit von Bad Bocklet auf das malerisch gelegene Schloß Aschach. Im 16. Jahrhundert wurde das mächtige Bauwerk auf den Grundmauern einer Burg der Henneberger errichtet. Der Schweinfurter Unternehmer Wilhelm Sattler, seinerzeit einer der bedeutendsten Industriellen in Bayern, erwarb 1829 das Schloß, um hier eine Steingutmanufaktur einzurichten. Nachdem die Fabrik aufgrund mangelnder Rentabilität geschlossen werden mußte, verkauften Sattlers Erben ihren Besitz an die Grafen von Luxburg, die im Herbst 1955 Schloß Aschach mit allem Inventar an den Bezirk Unterfranken verschenkten.

Auf einem kleinen Hügel in Bad Kissingen erheben sich die Ruinen der ehemals hennebergischen Burg Bodenlaube, die – wie so viele andere auch – im Bauernkrieg zerstört worden ist. Heute sind nur noch die Reste des Berings und zweier Rundtürme erhalten. Hier lebten Graf Otto von Bodenlauben, ein tapferer Ritter und reichbegabter Minnesänger, und seine Frau Beatrix von Courtenay.

Ein paar Kilometer weiter reckt sich die romantische Ruine Trimburg, der Stammsitz der Herren von Trimberg, auf einer steilen Bergzunge über das Tal der Saale und über die Ortschaft Trimberg. Eigentlich besteht die Anlage aus drei hintereinanderliegenden Burgen, von denen die eindrucksvoll gelegene mittlere Hauptburg am besten erhalten geblieben ist. In Trimberg wurde im Jahre 1200 Süßkind von Trimberg geboren, der wohl einzige jüdische Minnesänger. Liest man seine Schriften, erscheint er geradezu als ein moderner Autor, da ihm Gedankenfreiheit und Gerechtigkeit äußerst wichtig waren.

Bis ins 12. Jahrhundert reichen die Wurzeln von Schloß Saaleck, einer einstmals fuldischen Amtsburg, zurück. Allerdings stammt nur noch der Bergfried aus dieser Zeit, die anderen Bauten aus späteren Epochen. Schloß Saaleck ist sowohl Hotel als auch Sitz eines Weingutes der Stadt Hammelburg. Weinbau hat dort eine lange Tradition: An den Hängen der Saale wird nachweislich seit dem Jahre 777, als Karl der Große die Siedlung an das Kloster Fulda verschenkte, Wein angebaut – damit ist Hammelburg die älteste Weinstadt in Franken.

Das mächtigste Adelsgeschlecht der Rhön waren die Grafen von Henneberg, die zugleich auch Burggrafen von Würzburg waren. Oberhalb des Dorfes Henneberg mit sei-

Die Minne ist nicht Mann noch Weib, / hat weder Seel' noch ist sie Leib; / sie hat auf Erden nicht ein Bild, / ihr Name ist kund, sie selbst verhüllt…

Walther von der Vogelweide

Seite 48/49: In Unsleben steht eines der schönsten alten Wasserschlösser im bayerischen Vorland der Rhön.

ner im ungewöhnlichen Fachwerkbaustil errichteten St. Jakobskirche stehen die Ruinen ihrer gleichnamigen Stammburg. Nur noch eine einzige Kemenate ist deutlich zu erkennen. Von dieser im Bauernkrieg zerstörten Burg aus brachte das in mehrere Seitenlinien zersplitterte Adelsgeschlecht im östlichen Teil der Rhön weite Gebiete in seinen Besitz.

Im hessischen Teil der Rhön findet man ebenfalls noch mehrere Burgen und Schlösser vor. Das kleine Buchenau im Tal der Eitra besitzt gleich drei… Herausragend ist aber sicherlich die Ruine der Burg von Friedewald – übrigens die einzige Wasserburg in Kurhessen. In den Mauern dieser abgelegenen Anlage berieten 1551 der junge Landgraf Wilhelm der Weise, Kurfürst Moritz von Sachsen, Markgraf Albrecht von Brandenburg und der französische Botschafter Jean de Fresse in einer geheimen Konferenz, wie sie den Landgrafen Philipp den Großmütigen aus der Gefangenschaft Kaiser Karls V. befreien könnten.

In dem uralten Reichskloster Fulda stand die Wiege aller Kultur in der Rhön; sein enormer Einfluß ist unbestreitbar. Das Bild zahlreicher Dörfer und Städte wurde von den Fuldaer Äbten geprägt, manche verdanken dem Kloster gar ihre Existenz. *»Es ist weithin ein Waldgebiet da in einer Einöde von ungeheurer Weltverlassenheit inmitten der Völker unseres Missionsgebietes, in dem wir ein Kloster erbaut und Mönche angesiedelt haben.«* So beschrieb der heilige Bonifatius, in dessen Auftrag sein Lieblingsschüler Sturmius im Jahre 744 das Kloster Fulda gegründet hatte, einem Freund die Umgebung des damals noch jungen Klosters, das alsbald zum wichtigsten Missionsstützpunkt zwischen Main und Elbe werden sollte. Schnell entwickelte sich Fulda zu einem Zentrum des geistigen Lebens im fränkischen Reich der Karolinger. In der Schreibstube des Klosters wurde eine Vielzahl bedeutender christlicher und antiker Werke abgeschrieben und somit der Nachwelt überliefert. Der weitverstreute Grundbesitz reichte von den Alpen bis zur Nordsee. Aufgrund der Bedeutung des Klosters wurden die Äbte im Jahre 1220 in den Reichsfürstenstand erhoben, 1752 bekamen sie dann noch die Bischofswürde verliehen.

Mit Beginn des 18. Jahrhunderts wurde Fulda zu einer eindrucks-

Das kleine Buchenau im hessischen Teil der Rhön besitzt gleich drei Schlösser, von denen das Hauptschloß das bedeutendste ist.

vollen barocken Residenzstadt umgestaltet. Die Bautätigkeit begann mit der Errichtung des neuen Domes durch den Architekten J. Dientzenhofer, fast zeitgleich mit der Umgestaltung des Renaissance-Schlosses zur Barockresidenz; schließlich folgten noch die Orangerie, eine der vollendetsten Schöpfungen des deutschen Barocks, und die Universität. Die Aktivitäten beschränkten sich nicht nur auf die Stadt selbst, sondern erstreckten sich auf das gesamte Fuldaer Territorium: Zahlreiche Kirchen und Schlösser, so in Bieberstein, Geisa, Brückenau, Hammelburg und Dermbach, wurden barockisiert. Ein eindrucksvolles Beispiel ist die südlich von Fulda nach den Plänen des Hofbaumeisters Andreas Gallasini errichtete prunkvolle Sommerresidenz der Fürstäbte, Schloß Fasanerie-Adolphseck.

Kirchen und Klöster dienten nicht nur als Hort des Friedens und der Besinnung: Die vielen Kirchenburgen im Nordosten der Rhön verdeutlichen dies anschaulich. In Ostheim ist die größte und schönste Wehrkirche Deutschlands zu bewundern. Die Pfarrkirche St. Michael ist von einem doppelten Mauerring, Zwinger und vier starken Türmen umgeben. Mehr als 70 Gaden, die noch heute benutzt werden, füllen das Innere des Berings aus. Fünf Kilometer flußaufwärts, in Nordheim, steht die nächste Wehrkirche, ebenfalls umgeben von Gaden. Eine weitere, wehrhafte Kirchenfestung liegt in Oberstreu. Hufeisenförmig umklammert eine gadengesäumte Mauer die katholische Pfarrkirche.

Auch Thüringen verfügt über mehrere sehenswerte Kirchenburgen, besonders schön sind diejenigen in Kaltensundheim, Walldorf, Vachdorf und Leutersdorf.

Das bekannteste Kunstwerk im mauer- und turmbewehrten Münnerstadt ist ein Frühwerk von Tilman Riemenschneider, der den einfarbig gefaßten Hochaltar von 1490–1492 geschaffen hat. Davon sind jedoch nur kostbare Reste erhalten. Da die damalige fürstbischöfliche Regierung an der nackten, nur mit einem Haarkleid bedeckten Maria Magdalena Anstoß nahm, mußte sie 1776 entfernt werden. Im Jahre 1831 wurden dann auch noch die Figuren und Reliefs beseite geschafft, da sie in den Augen der in Gotik verliebten Zeitgenossen zu wenig dieser Stilrichtung entsprachen. Später gelangten verschiedene Bestandteile über den Antiquitätenhandel in Museumsbesitz, so daß die erhaltenen Originale und viele Kopien 1981 wieder zu einem neuen, prächtigen Schrein zusammengefügt werden konnten. Vier Bilder der Kilianslegende zieren die Rückseite des Altars – es sind die einzigen großen Tafelgemälde von Veit Stoß.

In dem alten fuldischen Ort Dermbach findet sich eine eindrucksvolle Kirche von Andreas Gallasini, dem Hofbaumeister der Fürstäbte, im Stil des »Rhönbarocks«. Sie gewinnt

Von der Milseburg, dem legenden- und sagenumwobenen »Berg der Geschichte«, geht der Blick weit übers Land.

ihre festliche Ausstrahlung durch den Gegensatz der weißverputzten Wandflächen und des rötlichen Tons der Sandsteingliederungen. Auch in Bremen und Schleid, zwei kleinen Dörfern in der Nähe von Geisa, Zella und Eiterfeld, steht jeweils eine prachtvolle Barockkirche, die nach Entwürfen von Gallasini gebaut wurde.

Im Heimatmuseum von Dermbach ist übrigens noch der Holzkäfig zu bewundern, in dem Johann Valentin Paul, besser bekannt als »Rhönpaulus«, die letzten Stunden vor seiner Hinrichtung im Jahre 1780 verbracht hat. Beim einfachen Volk war

der »Rhönpaulus« sehr beliebt, bestahl er doch die Reichen und beschenkte die Armen. Doch saß die Obrigkeit letztendlich am längeren Hebel…

Tann, im Tal der Ulster, zählt gleich drei Schlösser, die nach ihren Farben – rot, gelb und blau – benannt sind.

Neben dem bedeutenden Benediktinerklöstern von Fulda und Bad Hersfeld sowie dem Franziskanerkloster auf dem Kreuzberg verfügte auch der Orden der Zisterzienser über Klöster in der Rhön, so daß 1154 gegründete St. Bilhildis in Maria Bildhausen. Die erhaltenen Bauten, vor allem das zweigeschossige Abtei- und das Konventsgebäude, künden noch vom Reichtum und der Macht des 1803 säkularisierten Klosters. In der Abgeschiedenheit eines Seitentales der Saale wurde 1231 das Zisterzienserkloster Frauenroth gegründet. Gute drei Jahrhunderte später wurde es wieder aufgelöst, die Bauten verfielen. Von der einstigen Klosterkirche und heutigen Filialkirche St. Blasius steht zwar nur noch das Mittelschiff, doch enthält dieses mit den Deckplatten des Grabmals für den Minnesänger Otto Graf von Bodenlauben und seiner Frau Beatrix, die das Kloster gestiftet und sehr reichlich ausgestattet hatten, einen der wertvollsten Kunstschätze der Region: Die lebensgroßen Hochreliefs der Verstorbenen sind meisterhafte Bildhauerarbeiten und eine einzigartige Idealisierung höfischer Vornehmheit. Der Schöpfer der Grabplatten ist leider nicht bekannt.

*Schloß Aschach geht auf die Henne-
berger zurück und birgt heute eine
erlesene museale Sammlung und
Gelegenheit zum Restaurieren auch.*

Auf der Burg Bodenlauben lebte und dichtete Graf Otto von Bodenlauben, ein bekannter Minnesänger. Seine meisterhafte Grabplatte befindet sich im ehemaligen Zisterzienserkloster Frauenroth.

Die Trimburg über der fränkischen Saale sah einen weiteren berühmten Minnesänger in ihren Mauern: »Süßkind, den Juden von Trimburg«, wie es in der »Manessischen Liederhandschrift« heißt.

Das malerische Wasserschloß Irmels-
hausen, seit 1376 im Besitz derer
von Bibra, ist durch alle kriegerische
Zeiten unzerstört auf uns gekommen.

*In Hammelburg treffen sich der
rhönische Norden und der Süden,
den Bacchus repräsentiert:
Burg Saaleck krönt einen uralten
Weinberg.*

58

Am Fuße jenes Berges, der Burg Saaleck trägt, liegt das Franziskanerkloster Altstadt mit einer eindrucksvollen barocken Kirche.
Hammelburg war Königsgut Karls des Großen bis er es 777 dem Kloster Fulda schenkte, in dessen Besitz es bis zur Säkularisation blieb.

Oberfladungen ist eine jener
Ortschaften, die dem oberen
Streutal seinen malerischen
Reiz verleihen.

Die Kirchen und Klöster der Rhön sind reich an herausragenden sakralen Kunstwerken (Münnerstadt oben und Kloster Altstadt unten).
Links: Die Pfarrkirche St. Maria Magdalena in Münnerstadt birgt mit dem Hochaltar ein Frühwerk Tilman Riemenschneiders.

*Von der Ebersburg bei Gersfeld
sind nur noch Teile des Berings
sowie zwei Türme erhalten. Dafür
entschädigt die herrliche Rundsicht.*

*Die Rhönwinter sind lang und hart –
mit viel Schnee. Dann sind Bäume und
Bauten eingepackt mit einer weißen
Decke (Gersfeld).*

Zu den Sehenswürdigkeiten der alten Bischofsstadt Fulda gehört auch das Dom-Museum mit seinen wertvollen Sammlungen.

Wie der Dom wurde auch das Fürstbischöfliche Schloß zu Fulda von J. Dientzenhofer in barocker Manier neugestaltet.
Rechts: Das Teehaus im Park bietet einen Durchblick auf Schloß Fasanerie südlich von Fulda.

66

*Wie Miniaturen in der Spielzeug-
schachtel liegen die Ortschaften aus
dieser Perspektive (Platzer Kuppe)
ausgebreitet.*

*Kaltensundheims Kirchenburg ist eine
der schönsten und größten in der Rhön;
übertroffen werden sie jedoch alle von der
malerischen Wehrkirche in Ostheim (rechts).*

Auch Nordheim – einen Katzensprung
von Ostheim entfernt – nennt eine herr-
liche alte Kirchenburg sein eigen. Von
der Hauptstraße aus bietet die Auffahrt
einen besonders reizvollen Anblick.

*Die Burg Henneberg (oben) war Stamm-
sitz des einst mächtigsten Geschlechtes
der Rhön. Die Ruine wurde in den letzten Jahren liebevoll restauriert.
In dem kleinen Ort Bibra nahe Meiningen stehen noch sehenswerte Teile einer
alten Wasserburg.*

In Meiningen und Umgebung

Waren es kurz nach Grenzöffnung fast ausschließlich Besucher aus den alten Bundesländern, die sich informieren wollten, wie es »drüben« aussieht, so sind es mittlerweile überwiegend kulturinteressierte Gäste, die den Weg nach Meiningen finden. Der große Magnet ist das dortige Theater. Mit seinen 740 Plätzen ist es für eine Stadt mit 26 000 Einwohnern eigentlich zu groß. Mehr als die Hälfte der Zuschauer kommt derzeit aus den alten Bundesländern, einige auch aus der näheren Umgebung; denn weder in der bayerischen noch in der hessischen Rhön kann man mit einem auch nur annähernd vergleichbaren Kulturangebot aufwarten. Theater hat Tradition in Meiningen. Mehr noch, in Meiningen wurde Theatergeschichte geschrieben.

Infolge der Teilung des Herzogtums Sachsen-Gotha wurde Meiningen im Jahre 1680 zur Residenzstadt der Herzöge von Sachsen-Meiningen auserwählt, die bis 1918 das Land regieren sollten. Höfisches Leben sowie künstlerische und kulturelle Impulse belebten in den folgenden Jahren die noch junge Residenzstadt. Zwischen 1682 und 1692 ließ Herzog Bernhard I. den kostspieligen wie imposanten Bau seines barocken Residenzschlosses Elisabethenburg (anstelle einer bischöflichen Burg) errichten.

Ein wichtiger Bestandteil der Repräsentationsbedürfnisse der Herzöge von Sachsen-Meiningen war schon seit dem Ende des 17. Jahrhunderts die Theaterkunst. Der große Theaterliebhaber Georg II., der ab 1866 an der Spitze des Herzogtums stand, baute, von seinen persönlichen Interessen angespornt, ein leistungsfähiges Schauspielensemble auf und führte »sein« Theater zu Weltruhm. Der Herzog verlegte sich nicht nur auf's Zuschauen, sondern malte selbst Bühnenbilder, fungierte als Dramaturg und entwarf Kostüme. Bei ihm sprang die Begeisterung für das Theater sogar auf die dort engagierten Schauspielerinnen über. Ganz Meiningen war nicht nur überrascht, sondern geradezu entrüstet, als er am 18. März 1873 völlig »unstandesgemäß« eine Schauspielerin seines Ensembles ehelichte. Eine Pressekampagne wurde entfacht, doch der Herzog stand unbeirrt zu seiner Herzenswahl.

Ein Jahr nach der Hochzeit brachen die »Meininger« samt Bühnendekoration zu ihrem ersten Gastspiel nach Berlin auf – ein Novum in der Theatergeschichte. Bis 1890 folgten insgesamt 2877 Vorstellungen bei 91 Gastspielen in ganz Europa, darunter Aufführungen in London, Brüssel, Stockholm, Wien, Budapest, München und Moskau. Das heutige Meininger Theater wurde 1909, nachdem das erste Hoftheater abgebrannt war, an der gleichen Stelle in klassizistischer Bauweise errichtet. Dahinter erstreckt sich der schöne Goethepark. Neben einem Monument für Jean Paul, der von 1801 bis 1803 in Meiningen lebte, und anderen hat hier auch Ludwig Bechstein sein Denkmal bekommen. Während seine vielen Romane und Novellen, auch die Lyrik, in Vergessenheit gerieten, leben die von ihm gesammelten und bearbeiteten Sagen und Märchen bis heute fort.

Baum, der schon lange da ist, um die Ecke seinen Schatten wirft. Von dort kommt der Märchenerzähler her…

Walter Werner

Seite 74/75: Von der Hohen Geba, dem legendenumwobenen Berg der thüringischen Rhön, schweift der Blick bis zu den Höhen des Thüringer Waldes.

Nicht weit von Meiningen entfernt logierten mit Goethe und Schiller zwei Deutsche, die nicht nur das literarische Leben ihrer Epoche maßgeblich bestimmten. Johann Wolfgang Goethe machte im Herbst 1780, als er die Rhön auf einer Dienstreise als Geheimer Rat durchstreifte, in Kaltennordheim Station. Er übernachtete in dem alten Amtshaus, in dessen Hof eine heute mehr als 400 Jahre alte Linde steht. Die Abende verbrachte Goethe unter anderem damit, Briefe an seine »Göttin«, Charlotte von Stein, zu schreiben. Daß ihr Gatte gleichzeitig in Kaltennordheim weilte, störte ihn dabei wenig.

Das kleine Dorf Bauerbach, unweit von Henneberg gelegen, diente einst einem der berühmtesten deutschen Dichter für mehrere Monate als Zufluchtsort. Friedrich Schiller entschloß sich im Dezember 1782 zur Flucht vor seinem despotischen Landesherrn, dem Herzog Karl Eugen von Württemberg. Dieser hatte eine zweiwöchige Arreststrafe und Schreibverbot über ihn verhängt, nur weil Schiller heimlich nach Mannheim gereist war, um die zweite Aufführung seiner »Räuber« sehen zu können. Henriette von Wolzogen hatte um Schillers mißliche Lage gewußt und ihm ihr Gut Bauerbach angeboten. Der anonym als »Dr. Ritter« abgestiegene Dichter verarbeitete seine unerfüllte Liebe zu Henriettes Tochter Charlotte, indem er dort »Kabale und Liebe« vollendete und an seinem »Don Carlos« schrieb. Als Schiller Bauerbach nach mehr als einem halben Jahr wieder verließ, dürften der Schulmeister und der Wirt allerdings nicht sehr erfreut gewesen sein, denn bei beiden stand er in der Kreide. Schiller hatte die Dorfgeschichte entscheidend beeinflußt: Mehr als hundert Jahre später erinnerte sich ein Lehrer an den berühmten Gast

Des Thüringers Leibspeisen sind Kartoffelklöße und Bratwürste. Kein noch so bescheidenes Fest, bei dem nicht der Rost brennt.

und ließ seine Schüler Schillerszenen spielen, um seinen kleinen Beitrag zur Förderung der Nationalkultur zu leisten. Bis heute konnte diese Theaterleidenschaft bewahrt werden: Auf einer Freilichtbühne bringen die Dorfbewohner – unterstützt vom Meininger Theater – jeden Sommer Stücke aus dem großen Repertoire ihres berühmten Gastes zur Aufführung.

*Von den zahlreichen Sammlungen, die Schloß
Elisabethenburg in Meiningen birgt, ist jene zur
örtlichen Theatergeschichte besonders attraktiv.
Rechts: Blick in den Hof des Büchnerschen Hauses.*

*Unter dem Pseudonym »Dr. Ritter«
wohnte Friedrich Schiller vom
Dezember 1782 bis zum Juli 1783
in diesem Haus in Bauerbach
(heute Gedenkstätte).*

*Nebenstehendes Bild zeigt die Ankunft
Schillers in Bauerbach.
Das Wirtshaus darunter sah ihn oft
als Gast und – als Schuldner.*

Zur Mittagsstunde scheinen in den kleinen Rhöndörfern (Gerthausen) Mann und Maus in einen tiefen Schlaf zu verfallen.
Links: Ein Prachtstück –
Vachas Rathaus datiert aus dem Jahre 1613.

Geschichte im Überblick

58 n. Chr. Wenn man dem römischen Geschichtsschreiber Tacitus glauben kann, so liefern sich Chatten und Thüringer in diesem Jahre im mittleren Werratal eine erbitterte Schlacht um die Salzvorkommen der Rhön.

5. Jahrhundert Die Thüringer dringen nach Süden bis in den heute bayerischen Teil der Rhön vor, werden jedoch alsbald von den Franken zurückgeschlagen. Dieses ursprünglich am Nieder- und Mittelrhein beheimatete Volk breitet sich im 6. Jahrhundert planmäßig nach Osten aus; die Merowingerkönige besetzen das Alamannenreich und zerschlagen 531 unter Theoderich das Thüringerreich.

742 Bonifatius ordiniert den Angelsachsen Burkard zum ersten Würzburger Bischof. Burkhards Nachfolger üben bis ins 18. Jahrhundert einen großen Einfluß auf das Leben der Bevölkerung der Rhön aus.

744 Im Auftrag des heiligen Bonifatius gründet dessen Lieblingsschüler Sturmius das Kloster Fulda.

12. Jahrhundert Mit Otto von Bodenlauben und Süßkind von Trimberg kann die Rhön auf zwei bedeutende Minnesänger verweisen.

13. Jahrhundert Aus diesem Jahrhundert stammt die älteste schriftliche Überlieferung des Landschaftsbegriffs »Rhön«.

1525 Die Landbevölkerung rebelliert im Bauernkrieg gegen die geistige Obrigkeit. Zahlreiche Burgen und Schlösser gehen in Flammen auf und werden geschleift. Der Aufstand wird jedoch alsbald niedergeschlagen.

1618–1648 Im Dreißigjährigen Krieg ziehen immer wieder marodierende Söldnerheere durch das Tal der Streu.

1680 Meiningen wird Residenzstadt eines selbständigen Herzogtums.

1782 Friedrich Schiller versteckt sich ein halbes Jahr in dem kleinen Dorf Bauerbach vor den Nachstellungen seines Landesherren, des Herzogs Karl Eugen von Württemberg.

19. Jahrhundert Wirtschaftliche Not zwingt zahlreiche Rhöner, ihre Heimat zu verlassen und nach Amerika auszuwandern.

1816 Bad Brückenau wird Teil des Bayerischen Königreiches.

1874 Bismarck wird in Bad Kissingen beinahe das Opfer eines Attentats.

1918 Am 12. November veranlaßt der Arbeiter- und Soldatenrat Herzog Bernhard III. zur Abdankung. Zwei Jahre später kommt das Herzogtum Meiningen zum Land Thüringen.

1921 Das Fladunger Rhönmuseum wird gegründet.

1933–1945 Das Hakenkreuz weht über der Rhön. Die ganze Bevölkerung soll rassendiagnostisch und erbbiologisch »durchmustert« und »gesiebt« werden, um eine neue bäuerliche Elite zur Macht zu führen.

1945 Mehrere Städte der Rhön werden durch alliierte Bombenangriffe heftig getroffen. Nach Kriegsende wird die thüringische Enklave Ostheim vor der Rhön Bayern zugeschlagen.

1989 Der Eiserne Vorhang fällt am 9. November mit der Öffnung des Grenzübergangs Meiningen-Henneberg. Erstmals seit Jahrzehnten ist es den Ostdeutschen wieder möglich, die hessische und bayerische Rhön zu besuchen. Die Westdeutschen kommen erst am 24. Dezember in den Genuß der Grenzöffnung.

1991 Im März wird das zentrale Kerngebiet der Rhön von der UNESCO zum Biosphärenreservat erklärt.

Literatur/Quellen

Akademie für Raumforschung und Landesplanung (Hrsg.), »Biosphärenreservat Rhön. Beiträge zu einer Raumkonzeption für die Rhön«, Landesarbeitsgemeinschaft Hessen/Rheinland-Pfalz/Saarland 1993

Reinhold Albert, »Geschichte der Juden im Grabfeld«, Schriftenreihe des Vereins für Heimatgeschichte, 1990

Georg Brütting, »Geschichte des Segelfluges«. Vorgeschichte und Geschichte des Segelfluges in der Rhön von 1911 bis in unsere Tage, 1982

Georg Dehio, »Handbuch der deutschen Kunstdenkmäler. Bayern I.: Franken«, Deutscher Kunstverlag, München 1979

Georg Dehio, »Handbuch der deutschen Kunstdenkmäler. Hessen«, Deutscher Kunstverlag, München 1982

Stadt Fladungen, »Fladungen, die historische Stadt in der bayerischen Rhön«, Fladungen 1993

Manfred Geuting, »Die Kur- und Erholungsorte in der Rhön«, Würzburg 1952

Peter Göbel, »Rhön«, HB-Atlas, HB Verlags- und Vertriebsgesellschaft, Hamburg 1993

Leopold Höhl, »Rhönspiegel 1892, Arbeit, Sitten und Gebräuche der Rhöner«, Nachdruck 1984

Joachim S. Hohmann, »Landvolk unterm Hakenkreuz. Agrar- und Rassenpolitik in der Rhön«, Lang Verlag, Frankfurt 1992

Helmut Jaeger, »Entwicklungsperioden agrarer Siedlungsgebiete im mittleren Westdeutschland seit dem frühen 13. Jahrhundert«, Würzburg 1958

Anton Kaiser und Carlheinz Gräter, »Die Fulda«, Stürtz Verlag, Würzburg 1989

Heinz Kistler, »Die Rhön«, Stürtz Verlag, Würzburg 1985

Rüdiger Knapp, »Die Pflanzenwelt der Rhön«, Parzeller Verlag, Fulda 1977

Hans Körner, »Ostheim vor der Rhön«, Würzburg 1983

Bodo Kühn, »Der Rhön-Paulus«, 1990

Gottfried Mälzer, »Die Rhön – alte Bilder und alte Berichte«, Echter Verlag, Würzburg 1989

Helmut Müller u. a., »Meiningen in der Porta Franconia«, Stadtverwaltung Meiningen, Meiningen 1990

Ralf Nestmeyer, »Franken. Ein Reisehandbuch«, Michael-Müller-Verlag, Erlangen 1996

Wilhelm Heinrich Riehl, »Das Land der armen Leute«, Nachdruck 1975

Erwin Rutte, »Hundert Hinweise zur Geologie der Rhön«, Delp Verlag, München 1972

Rhönklub e. V. (Hrsg.), »Schneiders Rhönführer. Offizieller Führer des Rhönclubs«, Parzeller Verlag, Fulda 1991

Winfried Schmidt, »Bad Kissingen und die Geschichte«, 1990

Ruthard Schunk, »Bad Königshofen in Vergangenheit und Gegenwart«, 1982

Erwin Sturm, »Die Bau- und Kunstdenkmale der Stadt Fulda«, Fulda 1984

Stephan und Walter Thierfelder, »Die Hohe Rhön – Bilder einer Landschaft«, Stürtz Verlag, Würzburg 1990

Stephan und Walter Thierfelder, »Rhönwinter«, Stürtz Verlag, Würzburg 1990

Friedrich Torberg, »Süßkind von Trimberg«, 1990

Heinrich Wagner, »Neustadt an der Saale«, Historischer Atlas von Bayern, Heft 27, 1982

G. Willms und E. Gutberlet, »Unsere Rhön«, Parzeller Verlag, Fulda 1982

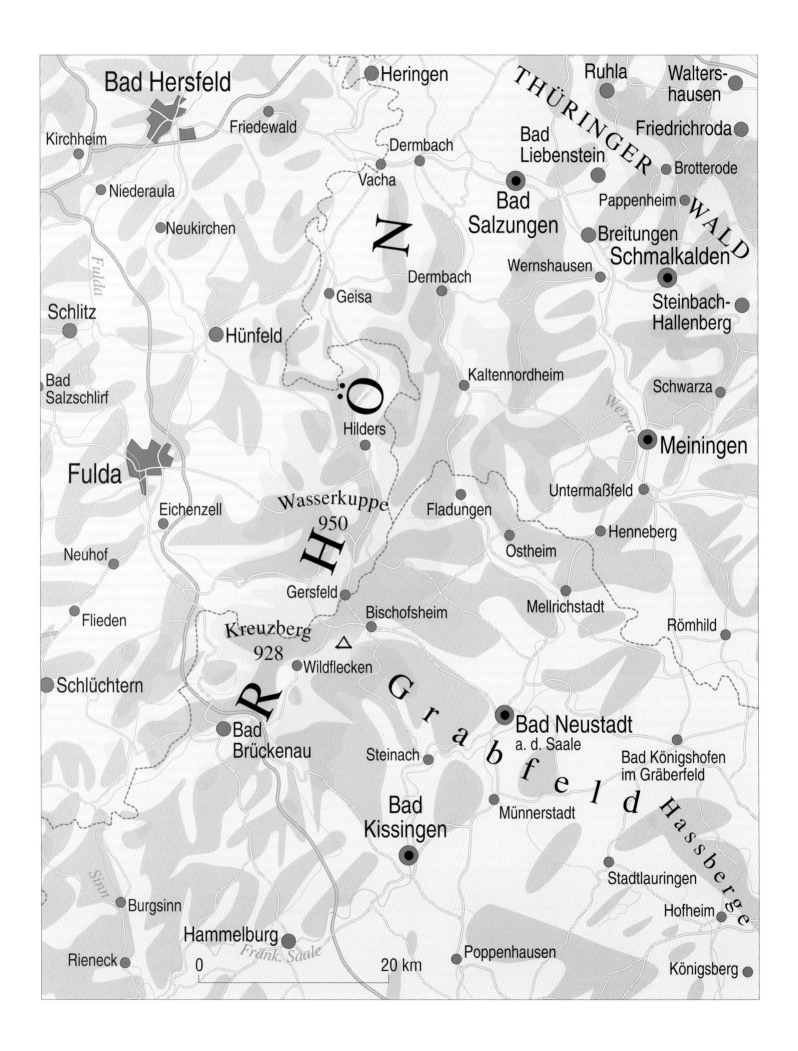

Register

Umschlag Vorderseite: Blick über das Ulstertal zur Milsenburg.
Umschlag Rückseite: Orangerie im Schloß- park von Fulda, eine der vollendetsten Schöpfungen des deutschen Barock.

Impressum:
Alle Rechte vorbehalten
© 1996 Stürtz Verlag, Würzburg
© Fotografien: Stephan und Walter Thierfelder, Würzburg
Grafik: Michael Ditter, Köln
Karte: Mohrbach Kartographie, München
Printed in Germany
ISBN 3-8003-0728-6

Die Deutsche Bibliothek –
CIP-Einheitsaufnahme
Rhön / Ralf Nestmeyer ;
Walter und Stephan Thierfelder. –
Würzburg : Stürtz, 1996
ISBN 3-8003-0728-6
NE: Nestmeyer, Ralf; Thierfelder, Walter;
Thierfelder, Stephan